LO MEJOR DEL DEPORTE DE TODOS LOS TIEMPOS

G.O.A.T. EN EL HOCKEY

WAYNE GRETZKY, SIDNEY CROSBY Y MÁS

JON M. FISHMAN

ediciones Lerner ◆ Mineápolis

Traducción al español: copyright © 2023 por Lerner Publishing Group, Inc.
Título original: *Hockey's G.O.A.T.: Wayne Gretzky, Sidney Crosby, and More*
Texto: copyright © 2020 por Lerner Publishing Group, Inc.
La traducción al español fue realizada por Zab Translation.

Todos los derechos reservados. Protegido por las leyes internacionales de derecho de autor. Se prohíbe la reproducción, el almacenamiento en sistemas de recuperación de información y la transmisión de este libro, ya sea de manera total o parcial, por cualquier medio o procedimiento, ya sea electrónico, mecánico, de fotocopiado, de grabación o de otro tipo, sin la previa autorización por escrito de Lerner Publishing Group, Inc., exceptuando la inclusión de citas breves en una reseña con reconocimiento de la fuente.

ediciones Lerner
Una división de Lerner Publishing Group, Inc.
241 First Avenue North
Mineápolis, MN 55401, EE. UU.

Si desea averiguar acerca de niveles de lectura y para obtener más información, favor consultar este título en www.lernerbooks.com.

Fuente del texto del cuerpo principal: Aptifer Sans LT Pro.
Fuente proporcionada por Linotype AG.

Library of Congress Cataloging-in-Publication Data

Names: Fishman, Jon M., author.
Title: G.O.A.T. en el hockey : Wayne Gretzky, Sidney Crosby y maś / Jon M. Fishman.
Other titles: Hockey's G.O.A.T. Spanish
Description: Mineápolis : ediciones Lerner, 2023. | Series: Lo mejor del deporte de todos los tiempos | Includes bibliographical references and index. | Audience: Ages 7–11 | Audience: Grades 4–6 | Summary: "Get to know the top ten hockey players of all time! Readers will explore exciting stats and learn about some of the most celebrated athletes in the history of the sport. Now in Spanish!"— Provided by publisher.
Identifiers: LCCN 2022017309 (print) | LCCN 2022017310 (ebook) | ISBN 9781728477374 (library binding) | ISBN 9781728478166 (paperback) | ISBN 9781728480251 (ebook)
Subjects: LCSH: Hockey players—Canada—Biography—Juvenile literature. | Hockey players—United States—Biography—Juvenile literature.
Classification: LCC GV848.5.A1 F5818 2023 (print) | LCC GV848.5.A1 (ebook) | DDC 796.962092/2—dc23/eng/20220506

LC record available at https://lccn.loc.gov/2022017309
LC ebook record available at https://lccn.loc.gov/2022017310

Fabricado en los Estados Unidos de América
1-52373-50730-4/27/2022

CONTENIDO

	¡A COMPETIR!	4
N.° 10	SIDNEY CROSBY	8
N.° 9	MARTIN BRODEUR	10
N.° 8	MARK MESSIER	12
N.° 7	JEAN BÉLIVEAU	14
N.° 6	MAURICE RICHARD	16
N.° 5	BOBBY HULL	18
N.° 4	BOBBY ORR	20
N.° 3	MARIO LEMIEUX	22
N.° 2	GORDIE HOWE	24
N.° 1	WAYNE GRETZKY	26

TU G.O.A.T.   28

Durante un partido, los jugadores de hockey corren para hacerse con el control del disco. Deben ser rápidos y precisos cuando el árbitro deja caer el disco.

¡A COMPETIR!

¿Hablaste alguna vez alguna vez con tus amigos sobre tus jugadores de hockey favoritos? ¿Te gusta pensar en qué jugadores son los mejores de todos los tiempos (G.O.A.T., por sus siglas en inglés)? Hablar de los grandes deportistas y comparar sus estadísticas es una de las mejores partes de ser aficionado al deporte.

DATOS DE INTERÉS

MARTIN BRODEUR ganó 691 partidos en su carrera. Son 140 partidos más que los que ha ganado cualquier otro arquero.

MARK MESSIER ganó seis títulos de la Copa Stanley en 11 temporadas. Solamente nueve jugadores ganaron más de seis Copas Stanley.

GORDIE HOWE fue el jugador más viejo de la historia de la NHL. Se jubiló a los 52 años.

WAYNE GRETZKY tenía 61 récords de la NHL cuando se retiró. Sus 1,963 asistencias en su carrera superan en más de 700 asistencias a cualquier otro jugador.

Pero hay que pensar en mucho más que en las estadísticas a la hora de hacer una lista de los 10 mejores jugadores de hockey de la historia. ¿Cómo se puede comparar a un delantero, cuyo trabajo es marcar goles, con un arquero, cuyo trabajo es pararlos? Comparar jugadores de distintas épocas puede ser aún más complicado. El juego ha cambiado mucho a lo largo de los años. De 1942 a 1967, la Liga Nacional de Hockey (National Hockey League, NHL) tuvo solo seis equipos. Con tan pocos equipos, menos jugadores tenían la oportunidad de jugar en comparación con la NHL moderna. En la actualidad, la liga cuenta con 31 equipos que se enfrentan por la Copa Stanley cada temporada.

El equipamiento de hockey también cambió. En los primeros años de la NHL, los jugadores no llevaban casco. En 1979, la NHL dictaminó que todos los jugadores que entraran en la liga debían usarlos. Los cascos, las mejores protecciones y otros equipos permiten a los jugadores centrarse en el juego y preocuparse menos por las lesiones. Los palos de hockey también cambiaron. Los materiales de los palos modernos son más ligeros. Los materiales más ligeros permiten a los jugadores mover el palo más rápidamente y utilizar menos energía.

A pesar de utilizar los pesados palos de madera del pasado, los mejores goleadores, como Maurice Richard (*abajo a la derecha*), establecieron récords que permanecieron intactos durante años.

Los partidos de hockey ofrecen a los aficionados la oportunidad de reunirse y ver a sus jugadores favoritos en acción.

A medida que aprendas más sobre los grandes jugadores de hockey del pasado y del presente, formarás tus propias opiniones sobre ellos. Puede que incluso no estés de acuerdo con el orden de los jugadores en este libro. Eso no es un problema. De hecho, formar tus propias ideas sobre los mejores jugadores de todos los tiempos demuestra que eres un verdadero aficionado al hockey.

N.º 10

SIDNEY CROSBY

Los aficionados al hockey sabían que Sidney Crosby iba a ser una superestrella antes de pisar el hielo de la NHL. Comenzó a patinar a los tres años. A los 10 años, había hecho 159 goles en solo 55 partidos. En 2003, sumó 162 puntos en 57 partidos con su equipo de secundaria. Los puntos son la combinación de goles y asistencias. Los Pittsburgh Penguins estaban tan seguros de que

Crosby sería un gran jugador que lo eligieron como primera opción en el Draft de la NHL de 2005.

Crosby demostró que fue una buena decisión. En su primera temporada, terminó sexto en la liga en puntos. Al año siguiente, superó a todos los jugadores de la NHL en puntos. Lo volvió a hacer en la temporada 2013–2014. Terminó entre los 10 primeros en puntos cada temporada, excepto las temporadas en las que se lesionó y no jugó mucho. Por el camino, Crosby llevó a los Penguins a tres campeonatos de la Copa Stanley.

ESTADÍSTICAS DE SIDNEY CROSBY

▶ Los aficionados y los directivos de la liga votaron a Crosby para siete Juegos de las Estrellas de la NHL.

▶ Ganó el Trofeo Hart Memorial como Jugador Más Valioso (Most Valuable Player, MVP) de la NHL en dos ocasiones.

▶ Ganó el Trofeo Conn Smythe como MVP de las eliminatorias de la NHL en dos ocasiones.

▶ Ganó el Trofeo Maurice Richard como máximo goleador de la NHL en dos ocasiones.

▶ Es el sexto de todos los tiempos en la NHL en puntos anotados por partido.

N.º 9

MARTIN BRODEUR

El arquero Martin Brodeur encabezó la NHL en la temporada 1993–1994. Ese año ganó 27 partidos con los New Jersey Devils. Se llevó a casa el Trofeo Calder Memorial como mejor novato de la liga. Ese fue solo el comienzo de la increíble carrera de Brodeur. Durante las siguientes 20 temporadas, estableció récords históricos que tal vez nunca sean superados.

Sus 691 victorias son la mayor cantidad de la historia para un arquero. Ningún otro arquero se acercó a las 28,928 atajadas de Brodeur en su carrera. Y sus 125 blanqueadas en su carrera constituyen un récord histórico. Incluso marcó tres goles en su carrera, una hazaña poco común para un arquero.

Las estadísticas personales de Brodeur son alucinantes. Fue decisivo para su equipo donde más importaba: en las eliminatorias. Es el segundo arquero con más victorias en eliminatorias de la historia de la NHL, con 113. También ayudó a los Devils a ganar la Copa Stanley en 1995, 2000 y 2003.

ESTADÍSTICAS DE MARTIN BRODEUR

▶ Participó en nueve Juegos de las Estrellas de la NHL.

▶ Ganó el Trofeo Vezina como mejor arquero de la NHL en cuatro ocasiones.

▶ Ganó cinco veces el Trofeo William M. Jennings al arquero con menos goles marcados en su contra en una temporada.

▶ Sus 24 blanqueadas en las eliminatorias son la mayor cantidad de la historia de la NHL.

▶ Jugó más partidos de la NHL que cualquier otro arquero, un total de 1,266.

N.º 8

MARK MESSIER

Durante la mayor parte de los 25 años de carrera de Mark Messier en la NHL, llevó una brillante letra C en su camiseta. La letra significaba capitán, el líder del equipo en el hielo. El espíritu de lucha de Messier y su feroz capacidad de liderazgo lo ayudaron a convertirse en el capitán más exitoso de la historia de la NHL. Es el único capitán que ha ganado la Copa Stanley con dos equipos diferentes.

Messier era un duro delantero que jugaba con una pasión que pocos podían igualar. También era un pasador y un goleador increíblemente hábil. Ganó la Copa Stanley por primera vez en 1984 con los Edmonton Oilers. Messier ayudó a los Oilers a ganarla de nuevo en cuatro de las seis temporadas siguientes. Luego, se incorporó a los New York Rangers en la temporada 1991–1992. Llevó a los Rangers a un campeonato en 1994. Con ello, Messier ganó seis Copas Stanley en 11 temporadas.

ESTADÍSTICAS DE MARK MESSIER

- **Participó** en 15 Juegos de las Estrellas de la NHL.
- Ganó el **Trofeo Conn** Smythe como MVP de las eliminatorias de la NHL en 1984.
- Ganó el Trofeo Hart Memorial como MVP de la NHL en dos ocasiones.
- Sus 1,887 puntos en su carrera son la tercera mayor cantidad en la historia de la NHL.
- Tanto los Edmonton Oilers como los New York Rangers retiraron su número de camiseta. Ningún otro jugador puede llevar el número 11 en esos equipos.

N.° 7

JEAN BÉLIVEAU

Con seis pies y tres pulgadas (1.9 m) de altura, el central Jean Béliveau era uno de los jugadores más altos sobre el hielo. Jugó en los Canadiens de Montreal en las décadas de 1950 y 1960. Sus largas piernas y su suave estilo de patinaje lo hacían increíblemente rápido. También era uno de los mejores pasadores y tiradores de la liga. Estas habilidades ayudaron a Béliveau a

llevar a Montreal a la dinastía más larga de la historia del hockey. En sus 18 temporadas en la NHL, él y los Canadiens ganaron la Copa Stanley 10 veces.

Cuando terminó su etapa de jugador, Béliveau comenzó una carrera de 22 años como vicepresidente de los Canadiens. Bajo su dirección, Montreal ganó la Copa Stanley siete veces más. Compañeros de equipo y rivales conocían a Béliveau como un caballero que siempre tenía tiempo para ayudar a la gente. En su honor, Montreal otorga cada año el Trofeo Jean Béliveau a un jugador que haya contribuido a la comunidad.

ESTADÍSTICAS DE JEAN BÉLIVEAU

▶ Sus 17 victorias en la Copa Stanley como jugador y ejecutivo del equipo son la mayor cantidad en la historia de la NHL.

▶ Participó en 13 Juegos de las Estrellas de la NHL.

▶ Ganó el Trofeo Hart Memorial como MVP de la NHL en dos ocasiones.

▶ Ganó el Trofeo Art Ross en 1956 como máximo anotador de la NHL.

▶ Ganó el Trofeo Conn Smythe como MVP de las eliminatorias de la NHL en 1965.

N.º 6

MAURICE RICHARD

Sus compañeros del Montreal Canadiens empezaron a llamar a Maurice Richard el Cohete (the Rocket). Pronto los aficionados y los periodistas también lo hicieron. Su disparo desde su posición de ala derecha era como un cohete que corría hacia el arco. Y cuando Richard se deslizaba a velocidad por el hielo sobre sus patines, algunos juraban que habría sido más fácil para los defensores detener un verdadero cohete.

La fuerza, la habilidad y el estilo de juego de Richard eran únicos. Lo ayudaron a liderar una dinastía en Montreal en las décadas de 1940 y 1950. Los Canadiens ganaron la Copa Stanley en 1944, 1946 y 1953. No habían hecho más que empezar. A partir de 1956, el equipo ganó el campeonato de la NHL cinco años seguidos. Eso es algo que no ha hecho ningún otro equipo. En honor a la increíble carrera y capacidad goleadora de Richard, la NHL comenzó a conceder el Trofeo Maurice Richard en 1999. El premio se otorga al máximo goleador de la liga cada temporada.

ESTADÍSTICAS DE MAURICE RICHARD

▶ Fue elegido para 14 Juegos de las Estrellas de la NHL.

▶ Ganó el trofeo Hart Memorial como MVP de la NHL en 1947.

▶ Fue líder de la NHL en goles marcados en cinco ocasiones.

▶ Fue el primer jugador de la historia de la NHL en marcar 50 goles en una temporada.

▶ Fue el primer jugador en la historia de la NHL en marcar 500 goles en su carrera.

N.º 5

BOBBY HULL

¡*Crash!* Los poderosos tiros de Bobby Hull resonaron en los estadios de hockey profesional desde 1957 hasta 1980. Los arqueros los temían, y los compañeros de equipo lo miraban con asombro mientras marcaba un gol tras otro. Sus disparos a menudo hacían volar el disco a más de 100 millas (161 km) por hora. Y el disco a menudo se elevaba o se hundía en su camino hacia la red, lo que lo hacía casi imposible de detener. Sus disparos certeros lo ayudaron a marcar 604 goles con los Blackhawks de

Chicago, la mayor cantidad en la historia del equipo. Hull no era solo un jugador superestrella. También era un buen deportista. Ganó el Lady Byng Memorial Trophy en 1965 por su deportividad.

Tras 15 temporadas en Chicago, Hull se marchó para unirse a los Winnipeg Jets de la Asociación Mundial de Hockey (World Hockey Association, WHA). Llevó consigo su increíble tiro de muñeca. Marcó 303 goles en siete temporadas con Winnipeg. En la temporada 1974–1975, marcó 77 goles. Es la mayor cantidad en la historia de la WHA.

ESTADÍSTICAS DE BOBBY HULL

- Fue elegido para 17 Juegos de las Estrellas de la NHL y la WHA.
- Ganó el **Trofeo Art Ross** en como máximo anotador de la **NHL** tres veces.
- Ganó el **Trofeo Hart Memorial** como MVP de la **NHL** en dos ocasiones.
- Ganó el **Trofeo Gary L. Davidson/Gordie Howe** como MVP de la **WHA** en dos ocasiones.
- Fue el primer jugador de la historia de la **NHL** en marcar más de **50 goles** en una temporada.

N.º 4

BOBBY ORR

Los defensores no debían marcar. Su trabajo consistía en impedir que el otro equipo marcara bloqueando los tiros y dando dolorosos golpes al cuerpo. Pero el defensa de los Boston Bruins, Bobby Orr, cambió todo eso. Su asombrosa velocidad y habilidad con el disco le permitían pasar y disparar como ningún otro defensor lo había hecho antes. Orr consiguió nueve tripletes en sus 12 años de carrera, más que ningún otro defensor. En 1970–1971, estableció

El récord de todos los tiempos para su posición, con 102 asistencias y 139 puntos.

Orr era mucho más que un goleador. Jugaba un duro juego defensivo y dificultaba que el equipo contrario marcara cuando él estaba en el hielo. Su férrea defensa y su anotación fueron claves para que los Boston ganaran la Copa Stanley en 1970 y 1972. Una rodilla dañada truncó la carrera de Orr a los 30 años. De no haber sido así, podría haber sido el mejor jugador de todos los tiempos.

ESTADÍSTICAS DE BOBBY ORR

▶ Fue elegido para jugar en nueve Juegos de las Estrellas de la NHL.

▶ Ganó el Trofeo James Norris Memorial como mejor defensor de la NHL en ocho ocasiones, más que cualquier otro jugador.

▶ Ganó el Trofeo Conn Smythe como MVP de las eliminatorias de la NHL en dos ocasiones.

▶ Ganó el Trofeo Art Ross como máximo anotador de la NHL en dos ocasiones. Es el único defensor que ha ganado el premio.

▶ Ganó el Trofeo Hart Memorial tres veces como MVP de la NHL.

N.º 3

MARIO LEMIEUX

La carrera de Mario Lemieux estuvo llena de primeros. Los Pittsburgh Penguins lo eligieron como primera opción en el Draft de la NHL de 1984. Marcó un gol con su primer disparo en su primer partido de la NHL. Ganó el Trofeo Calder Memorial como novato del año. El tamaño, la velocidad y el disparo de Lemieux eran inigualables. Los aficionados y los jugadores pensaban que el pívot tenía la oportunidad de ser el mejor jugador que el juego había visto jamás.

Lemieux ayudó a los Pittsburgh a ganar la Copa Stanley en 1991 y 1992. Pero los problemas de salud a menudo interrumpían su carrera. Tuvo huesos rotos y operaciones de espalda. En 1992–1993, consiguió la sorprendente cifra de 104 puntos en solo 40 partidos. Entonces se enteró de que tenía cáncer y dejó los Penguins para recibir tratamiento. Regresó antes del final de la temporada y ganó el título de goleador de la NHL a pesar de haber jugado 24 partidos menos que el jugador que ocupaba el segundo lugar.

ESTADÍSTICAS DE MARIO LEMIEUX

- Participó en nueve Juegos de las Estrellas de la NHL.
- Ganó el Trofeo Art Ross seis veces como máximo anotador de la NHL.
- Ganó el Trofeo Hart Memorial tres veces como MVP de la NHL.
- Ganó el Trofeo Conn Smythe como MVP de las eliminatorias de la NHL en dos ocasiones.
- Su promedio de carrera de más de 1.8 puntos por partido es el segundo mejor de la historia de la NHL.

N.° 2

GORDIE HOWE

La carrera de Gordie Howe en el hockey no tiene parangón. Comenzó en 1946, cuando Howe tenía 18 años. En su primer partido de la NHL, marcó un gol y se metió en dos peleas. Durante las décadas siguientes, siguió marcando y peleando. Ningún jugador de la historia de la NHL tiene la misma mezcla de habilidad y dureza en el hockey. En 25 años con los Detroit Red Wings, Howe y sus compañeros ganaron cuatro Copas Stanley.

En 1973, Howe se unió a los Houston Aeros de la WHA. Pasó cuatro temporadas con los Houston y condujo al equipo a dos campeonatos. Luego pasó dos años con los New England Whalers de la WHA. Howe volvió a la NHL en 1979 con los Hartford Whalers y anotó 41 puntos. Tenía 51 años al comienzo de la temporada. No es de extrañar que se ganara el apodo de Sr. Hockey (Mr. Hockey).

ESTADÍSTICAS DE GORDIE HOWE

▶ Participó en 23 Juegos de las Estrellas de la NHL.

▶ Ganó el Trofeo Art Ross seis veces como máximo anotador de la NHL.

▶ Ganó el Trofeo Hart Memorial seis veces como MVP de la NHL.

▶ Terminó entre los cinco primeros de la NHL en puntos anotados 20 temporadas seguidas.

▶ Cuando se retiró en 1980, era el líder histórico de la NHL en partidos jugados, goles, asistencias y puntos.

N.º 1

WAYNE GRETZKY

Los aficionados llaman a Wayne Gretzky el Grande (the Great One) y el apodo lo dice todo. Ningún jugador ha dominado el hockey ni ningún otro deporte como lo hizo Gretzky en sus 20 temporadas en la NHL. Piensa en las estadísticas. Tiene los récords de más goles, más asistencias y más puntos en una temporada. Sus 1,963 asistencias en su carrera son más que las asistencias y los goles *juntos* de cualquier otro jugador.

Gretzky fue el mejor jugador del mundo y ganó cuatro Copas Stanley con los Edmonton Oilers. Pero no era más grande ni más fuerte que otros jugadores. Rara vez era el patinador más rápido sobre el hielo. Su grandeza provenía de sus fantásticas habilidades en el hockey y de su asombrosa capacidad para predecir la acción. Siempre parecía saber hacia dónde iba el disco y podía llegar allí antes que nadie. Sus pases rara vez fallaban a sus compañeros de equipo. Sus disparos siempre llegaban a su objetivo. Las estadísticas de Gretzky son impactantes y es probable que muchos de sus récords nunca sean superados.

ESTADÍSTICAS DE WAYNE GRETZKY

- Participó en 18 Juegos de las Estrellas de la NHL.
- Ganó el Trofeo Art Ross 10 veces como máximo anotador de la NHL.
- Ganó el Trofeo Hart Memorial nueve veces como MVP de la NHL.
- Sus 2,857 puntos en su carrera son la mayor cantidad en la historia de la NHL por alrededor de 1,000.
- Cuando se retiró en 1999, tenía 61 récords de la NHL.

TU G.O.A.T.

Ahora que tuviste la oportunidad de leer sobre algunos de los mejores jugadores de hockey de todos los tiempos, es tu turno de unirte a la acción. Investiga un poco sobre los mejores jugadores de hockey. Empieza por leer algunos de los libros y sitios web que aparecen en la página 31. Habla con adultos que sean aficionados al hockey desde hace años, a ver qué opinan. Pide a un bibliotecario que te indique otras fuentes de información. ¿Dónde más puedes encontrar información sobre grandes jugadores de hockey?

Escribe tu lista de los mejores jugadores de hockey y pídele a un amigo que también haga una. Luego, comparen sus listas. ¿Coinciden? Si no es así, fíjate en las diferencias y comenta tus opiniones. También puedes hacer otras listas de hockey. ¿Quiénes son los mejores arqueros de todos los tiempos? ¿Cuáles son los mejores equipos de la historia de la NHL? ¡Tú decides!

DATOS SOBRE EL HOCKEY

▶ Cuando un equipo gana el campeonato de la NHL, cada miembro del equipo se lleva la Copa Stanley a casa. Algunos jugadores celebran fiestas y se hacen divertidas fotos con el famoso trofeo.

▶ El tiro de muñeca más rápido jamás registrado alcanzó las 110 millas (178 km) por hora. Denis Kulyash, del equipo ruso de la Liga Continental de Hockey, realizó el tiro.

▶ ¿Sabías que los discos de hockey se congelan antes de los partidos de la NHL? La congelación de los discos de goma los hace menos flexibles durante los partidos.

▶ Los jugadores modernos tienen suerte de que los discos sean de goma. La leyenda dice que cuando se inventó el hockey en Canadá en el siglo XIX, los jugadores utilizaban cualquier cosa que pudieran encontrar como disco. Incluso utilizaban estiércol de vaca congelado.

GLOSARIO

ala: delantero que suele jugar en un lado del hielo

Asociación Mundial de Hockey (WHA): liga profesional de hockey de Norteamérica que existió entre 1972 y 1979.

blanqueada: un partido sin que el equipo contrario marque un gol

bloqueo: bloquear a un jugador contrario con el cuerpo

centro: delantero que suele jugar cerca del centro del hielo

delantero: jugador cuya función principal es marcar o asistir goles

dinastía: período largo de dominio de un equipo

Draft de la NHL: evento en el que los equipos de la NHL se turnan para seleccionar nuevos jugadores

novato: jugador de primer año

puntos: combinación de goles y asistencias

tiro de muñeca: un tiro que se realiza balanceando el palo hacia el disco

triplete: tres goles en un partido por parte de un jugador

MÁS INFORMACIÓN

Gretzky
http://www.gretzky.com/

Hall, Brian. *Sidney Crosby: Hockey Star*. Mendota Heights, MN: North Star Editions, 2018.

Monson, James. *Behind the Scenes Hockey*. Mineápolis: Lerner Publications, 2020.

NHL
https://www.nhl.com/

Savage, Jeff. *Hockey Super Stats*. Mineápolis: Lerner Publications, 2018.

Sports Illustrated Kids—Hockey
https://www.sikids.com/hockey

ÍNDICE

ala, 16
asistencia, 5, 8, 21, 25, 26
Asociación Mundial de Hockey (WHA), 19

capitán, 12
Copa Stanley, 5, 9, 11, 12–13, 15, 17, 21, 23, 24, 27

defensor, 20–21

goles, 5, 8, 11, 17, 19, 25, 26

novato, 10, 22

pase, 13, 14, 20, 27
portera, 5, 10–11, 18
puntos, 8–9, 13, 21, 23, 25, 26–27

tiro, 22
tiro de muñeca, 18–19
Trofeo Art Ross, 15, 19, 21, 23, 25, 27
Trofeo Calder Memorial, 10, 22

CRÉDITOS POR LAS FOTOGRAFÍAS

Créditos de las imágenes: Kevin Abele/Icon Sportswire/Getty Images, p. 4; Jeff Vinnick/NHLI/Getty Images, p. 7; Bettmann/Getty Images, pp. 8, 17 (derecha), 21 (izquierda), 24, 26; Bruce Bennett Studios/Getty Images, pp. 8, 11 (derecha), 13 (izquierda), 14, 15 (izquierda), 15 (derecha), 23 (izquierda), 27 (izquierda), 27 (derecha); Joe Sargent/NHLI/Getty Images, p. 9 (izquierda); Len Redkoles/NHLI/Getty Images, p. 9 (derecha); John Giamundo/Bruce Bennett/Getty Images, p. 10; Allen J. Schaben/Los Angeles Times/Getty Images, p. 11 (izquierda); Damian Strohmeyer/The LIFE Images Collection/Getty Images, p. 12; Lawrence K. Ho/Los Angeles Times/Getty Images, p. 13 (derecha); IHA/Icon SMI, p. 16; Transcendental Graphics/Getty Images, p. 17 (izquierda); Hulton Archive/Getty Images, p. 18; Sovfoto/UIG/Getty Images, p. 19 (izquierda); Archive Photos/Getty Images, p. 19 (derecha); Focus on Sport/Getty Images, pp. 20, 25 (derecha); Steve Babineau/NHLI /Getty Images, pp. 21 (derecha), 25 (izquierda); Mike Slaughter/Toronto Star/Getty Images, p. 22; New York Post Archives/Getty Images, p. 23 (derecha); Kirill_Vytovtov/Shutterstock.com, p. 28. Elementos de diseño: Adam Vilimek/Shutterstock.com; Iscatel/Shutterstock.com; conrado/Shutterstock.com.

Portada: Steve Babineau/National Hockey League/Getty Images (Wayne Gretzky); Joe Sargent/National Hockey League/Getty Images (Sidney Crosby).